Inhaltsverzeichnis

Vorwort

Liebe Erzieher*innen,

Mit ihrem langen buschigen Schwanz, den puscheligen Ohren und den großen Augen sehen Eichhörnchen sehr niedlich aus. Sie gehören wohl zu den beliebtesten einheimischen Wildtieren. Besonders im Herbst können die Kinder die putzigen Tiere gut beobachten. Viele Eichhörnchen sind inzwischen sehr zahm geworden und trauen sich in die Nähe der Menschen. So springen sie auch gern durch Gärten und suchen dort nach Nüssen oder stibitzen Vogelfutter.

Eichhörnchen gehören zu den Nagetieren. Häufig ist ihr Fell braun oder rot. Es gibt aber auch Tiere mit grauem oder schwarzem Fell. All diese Eichhörnchen gehören zu den Europäischen Eichhörnchen. In anderen Ländern, zum Beispiel in Nordamerika, Großbritannien und Italien, gibt es auch Grauhörnchen. Diese haben ein graues Fell. Wesentliche Unterscheidungsmerkmale sind, dass diese Hörnchen keine Haarbüschel an den Ohren besitzen und einen breiteren Kopf und einen kürzeren Hals haben. Aktuell gibt es bei uns in Deutschland noch keine wild lebenden Grauhörnchen.

Mit diesem Projekt beschäftigen sich die Kinder intensiv mit dem Eichhörnchen. Sie erfahren, wie Eichhörnchen aussehen und was sie fressen. Mit Hilfe von Bildern und Geschichten erfahren die Kinder aktiv-entdeckend, dass die Tiere Nester bauen, die auch Kobel genannt werden, welche Feinde sie haben und wie sie sich auf den Winter vorbereiten.

Darüber hinaus gibt es Angebote zum Basteln, Singen und Spielen rund ums Eichhörnchen, ein Experiment und ein Rezept mit Nüssen – der Leibspeise der Eichhörnchen. So werden die Kinder anhand dieses Themas spielerisch auf vielfältige Weise gefördert und die verschiedenen Bildungsbereiche werden abgedeckt.

Ich wünsche Ihnen und Ihrer Gruppe eine spannende Eichhörnchenzeit!

Svenja Ernsten

Liebe Fachkraft,
wir möchten in unseren Materialien niemanden benachteiligen oder diskriminieren. Daher nutzen wir unter anderem das Gendersternchen, um alle Geschlechter anzusprechen. Auf Arbeitsblättern für Kinder verzichten wir jedoch aus Gründen der besseren Lesbarkeit darauf und nutzen weiterhin entweder die „neutrale“ Form oder Doppelformen. Selbstverständlich sind stets alle Geschlechter gemeint.

Vorbemerkungen

Zu den verwendeten Symbolen

Hauptkategorien:

Rund um das Eichhörnchen

So sieht das Eichhörnchen aus

Wie lebt das Eichhörnchen?

Auf der Spur des Eichhörnchens

Wir feiern ein Eichhörnchen-Fest

Bildungsbereiche:

 Sprachliche Bildung

 Musikalische Bildung

 Ästhetische Erziehung

 Umwelt-, Sach- und Naturbegegnung

 Gesundheit und Ernährung

 Mathematische Bildung

 Wahrnehmung und Entspannung

 Körpererfahrung und Bewegung

Tipps und Anregungen zu den Angeboten

Die einzelnen Angebote sind nicht nach Bildungsbereichen, sondern nach Themen sortiert. Die Aufgaben können meist in beliebiger Reihenfolge bearbeitet und vielfältig miteinander kombiniert werden. Natürlich können auch nur einzelne Angebote eingesetzt werden.

Zu „Sachinformationen für die Erzieher*innen":

Die Sachinformationen dienen für Sie als Hintergrundinformationen, sodass Sie mögliche Fragen der Kinder gut beantworten können. Je nach Interesse und Aufmerksamkeit der Kinder können Sie bestimmte Aspekte zum Thema gemeinsam genauer besprechen.

Einstieg in das Thema:

Hierzu eignet sich gut das Lied „Ich kenn ein kleines braunes Tier" (s. S. 5). Die Fachkraft singt den Kindern das Lied zunächst vor. Danach singen die Kinder mit.

Zu „Das Eichhörnchenjahr", s. S. 16:

Dieser Legekreis zeigt die Tätigkeiten des Eichhörnchens im Verlauf eines Jahres. Die Kinder schneiden die Teile aus und setzen das Puzzle wieder richtig zusammen. Es kann auf ein weißes Blatt Papier geklebt werden. Zur besseren Haltbarkeit können Sie die Teile auch laminieren. So kann das Puzzle immer wieder von verschiedenen Kindern zusammengesetzt werden.
Im Frühling gehen die Eichhörnchen auf Partnersuche. Dabei jagen sich Männchen und Weibchen häufig gegenseitig. Nach der Paarung baut das Weibchen ein kugelförmiges Nest und polstert es mit Moos

Vorbemerkungen

und Blättern. Es wird auch Kobel genannt. Eichhörnchen bekommen meist zweimal im Jahr 2 bis 5 blinde Junge. Die Jungen sind Nesthocker. Nach etwa sechs Wochen verlassen sie das Nest zum ersten Mal. Die Geschwister bleiben noch einige Zeit zusammen und spielen viel miteinander. Im Herbst sammeln die Eichhörnchen viele tausend Eicheln, Haselnüsse, Walnüsse und Bucheckern. Sie fressen auch Zweigspitzen, Fichtensamen, Früchte, Pilze, Insekten, manchmal auch Vogeleier und Jungvögel. Im Herbst vergraben sie vor allem Nüsse als Vorräte unter der Erde. Im Winter halten die Eichhörnchen Winterruhe in ihrem Kobel, sie halten keinen Winterschlaf. Ab und zu wachen sie auf und gehen auf Nahrungssuche.

Zu „Nussexperiment", s. S. 25:
Zeigen Sie den Kindern den richtigen Umgang mit dem Nussknacker. Die Kinder können die Nüsse anschließend unter Aufsicht knacken.

Zu „Das Eichhörnchennest", s. S. 27:
Die kugelförmigen Nester der Eichhörnchen nennt man Kobel. Eichhörnchen bauen bis zu fünf Kobel. Einen Kobel nutzen die Tiere als Hauptnest. Die anderen Kobel legen sie zur Sicherheit an, falls das Hauptnest zerstört wird.

Zu „Ein Garten für Eichhörnchen", s. S. 33:
Gemeinsam wird das große Bild betrachtet und besprochen, wie man Eichhörnchen in den Garten locken kann (Futterkasten, Wasserschale, Schlafhäuschen, Nussbaum). Die Kinder schneiden nun die kleinen Bilder aus und kleben sie an passende Stellen in das große Bild. Zuletzt können die Kinder das Bild farbig ausmalen.

Zu „Nusskekse", s. S. 34:
Bitte achten Sie auf mögliche Lebensmittelunverträglichkeiten bei den Kindern. Auf der Seite 34 finden Sie alternative Zutatenvorschläge für eine glutenfreie und laktosefreie Variante.

Zu „Eichhörnchen-Fest", s. S. 35 / 36:
Das Eichhörnchen-Fest kann gut zum Abschluss des Projektes durchgeführt werden. Es eignet sich hervorragend dazu, den Eltern einen Einblick in das Projekt zu geben und Ergebnisse zu präsentieren.

Literaturtipps / Musik / Internetadressen zu Eichhörnchen

Kinderbücher:

- „Meine große Tierbibliothek: Das Eichhörnchen" von Stéphanie Ledu-Frattini, Esslinger Verlag (2020).
- „Ich bin das kleine Eichhörnchen" von Amrei Fechner, Ravensburger Verlag (2021).
- „Ich bin das Eichhörnchen" von Katrin Wiehle, Beltz und Gelberg Verlag (2020).
- „Das Eichhörnchenjahr" von Eva Sixt, Atlantis Verlag (2017).

Musik:

Ei, Ei, Ei, Ei, Eichhörnchen. Die 30 besten Herbstlieder für Kinder von Simone Sommerland, Karsten Glück und die Kitafrösche, Universal Verlag 2015.

Internetseiten:

- *www.lingonetz.de/das-eichhoernchen/*
- *www.kindernetz.de/wissen/tierlexikon/steckbrief-eichhoernchen-100.html*
- *www.olis-bahnwelt.de/eichhoernchen*

Ich kenn ein kleines braunes Tier

ab 2 Jahren

Melodie: traditionell nach „Auf einem Baum ein Kuckuck saß"
Text: Volksgut

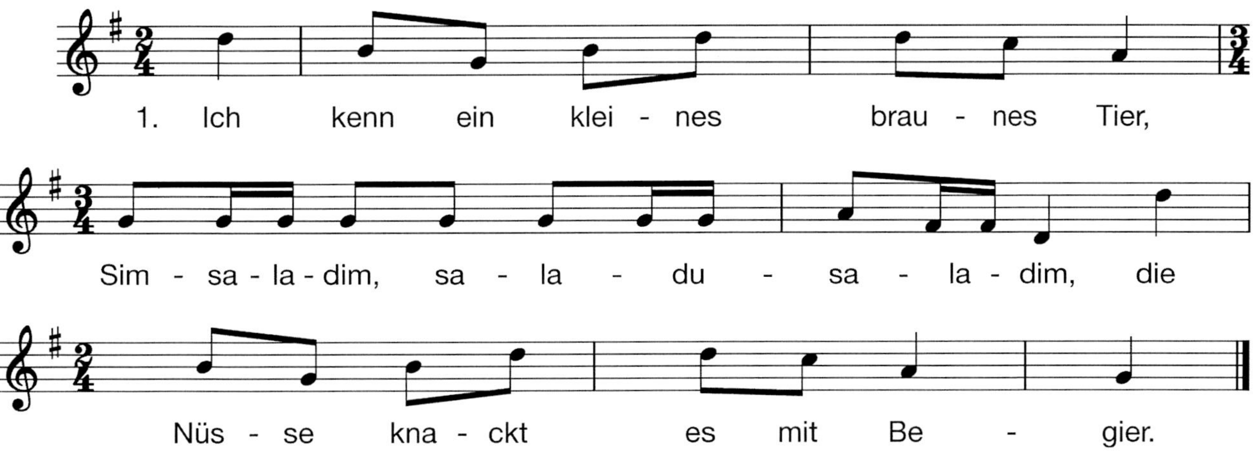

2. Es klettert schnell von Ast zu Ast, Simsaladim, saladusaladim, und wenn es springt, dann fliegt es fast.

ab 2 Jahren

Es springt ein Ei-Ei-Eichhörnchen

Melodie: traditionell nach „Es tanzt ein Bi-Ba-Butzemann"
Text: Svenja Ernsten

Eichhörnchen mit Nuss

ab 3 Jahren

Material:
Kopiervorlage „Ohren“, 1 Schere, 1 Heißkleber, 1 Flüssigkleber, 1 Pappbecher, braune Acrylfarbe, 1 Pinsel, braunes Tonpapier, 1 Zapfen (z. B. Kiefern- oder Tannenzapfen), 2 braune Pfeifenputzer, 2 Wackelaugen, 1 Eichelhut, 1 Walnuss

Vorbereitung:
Die Ohren werden auf braunes Tonpapier übertragen.

Arbeitsanleitung:
1. Der Pappbecher wird mit brauner Acrylfarbe angemalt.
2. Die Ohren werden ausgeschnitten und oben am Becher festgeklebt.
3. Der Zapfen wird als Schwanz (mit Hilfe der Erzieherin) mit Heißkleber hinten am Becher angeklebt.
4. Vorne werden (unter den Ohren) die Wackelaugen mit Flüssigkleber aufgeklebt.
5. Als Nase wird der Eichelhut mit Heißkleber befestigt.
6. Zwei kurze Pfeifenputzerstücke werden jeweils als Arme mit Heißkleber an der Seite befestigt.
7. Auf den Pfeifenputzer wird eine Nuss (z. B. eine Walnuss) gelegt. Diese kann mit Heißkleber festgeklebt werden.

Kopiervorlage „Ohren“

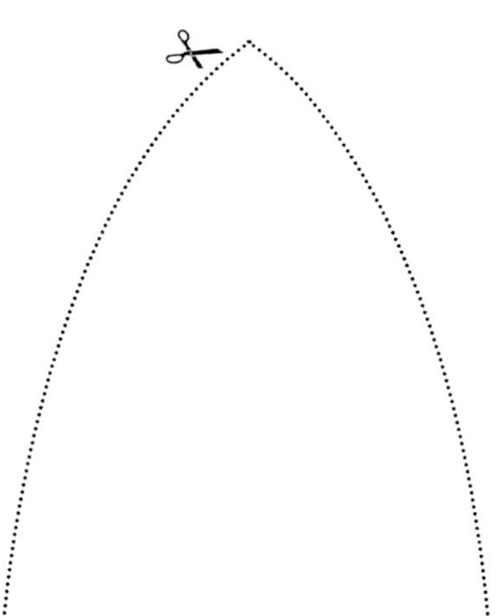

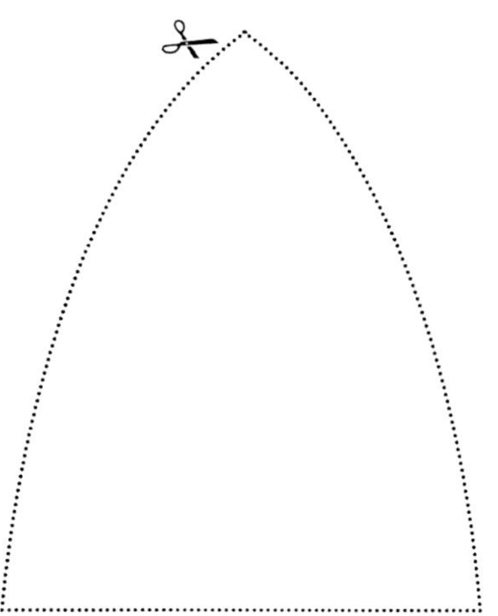

Nuss-Sudoku

ab 3 Jahren

Material:

Kopiervorlage „Nuss-Sudoku“ (s. u.), Kopiervorlage „Nusskarten“ (s. S. 8), Scheren

Vorbereitung:

Die Kopiervorlagen werden kopiert. Jedes Kind erhält ein Nuss-Sudoko und die acht Nusskarten. Die Nusskarten werden ausgeschnitten.

Arbeitsanleitung:

Das Kind versucht, die Karten an die richtigen Stellen zu legen. Dabei muss es darauf achten, dass jede Nuss in jeder Reihe, in jeder Spalte und in jedem Quadrat nur einmal vorkommt.

Kopiervorlage „Nuss-Sudoku“

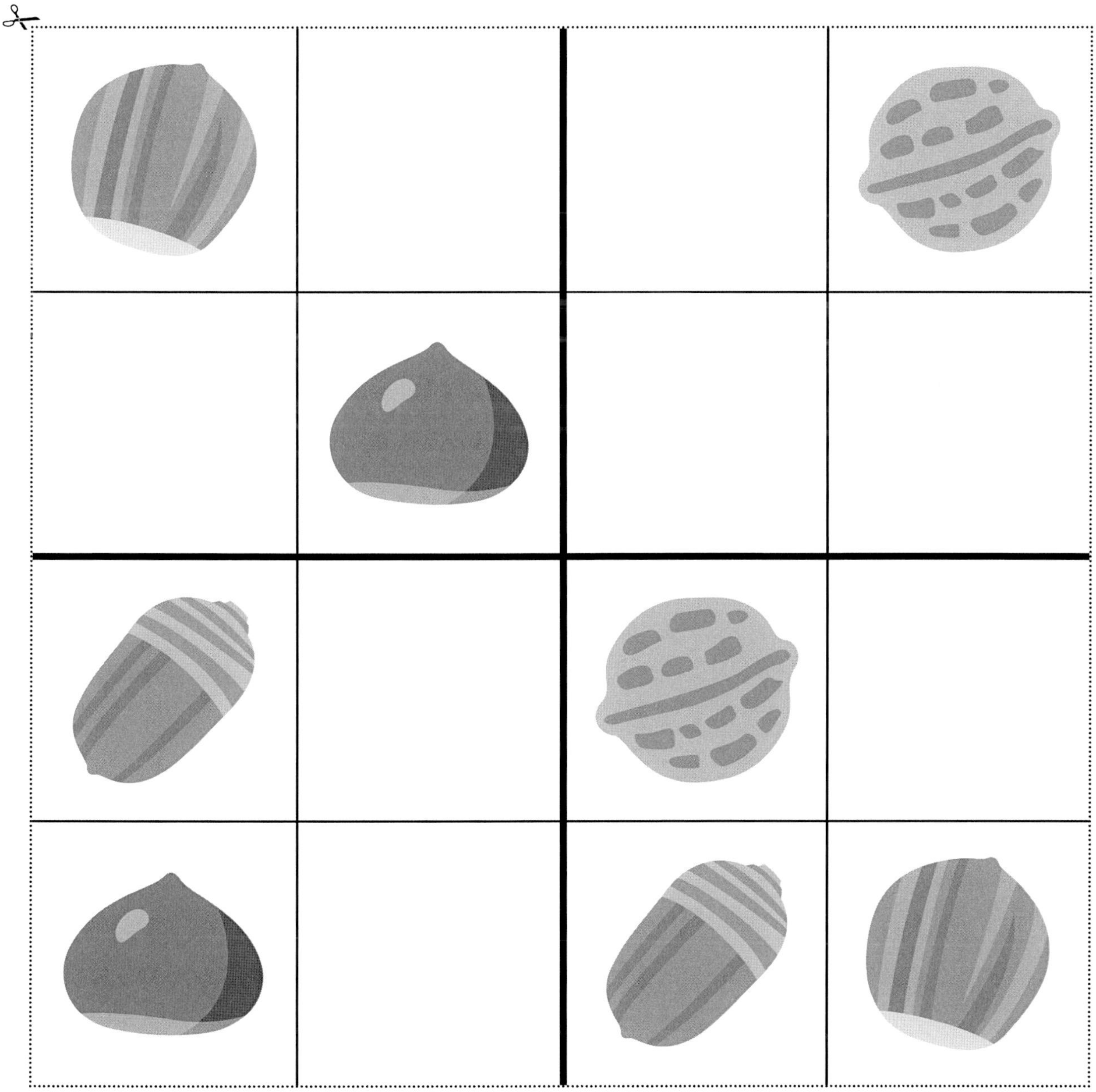

Nusskarten

ab 3 Jahren

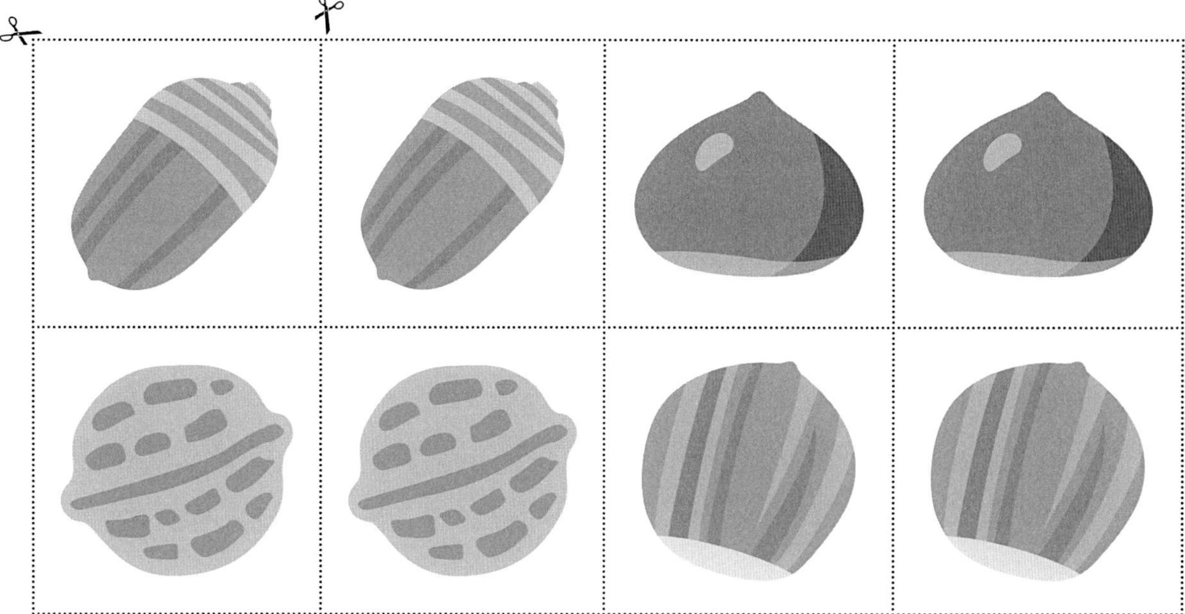

ab 3 Jahren

Eichhörnchen und Grauhörnchen

Material:
farbige Bildkarten „Eichhörnchen" (s. Farbbogen in der Heftmitte), 1 Schere, ggf. Laminiergerät und -folie

Vorbereitung:
Die Bildkarten werden ausgeschnitten. Zur besseren Haltbarkeit können sie laminiert werden. Legen Sie die Bildkarten im Kreis aus.

Arbeitsanleitung:
Präsentieren Sie den Kindern zunächst nur die Bilder der Eichhörnchen. Die Kinder betrachten die Bilder der Eichhörnchen und beschreiben, wie sich die Tiere unterscheiden (hellbraunes, rotes, dunkelbraunes, schwarzes, graues Fell).
Zeigen Sie den Kindern anschließend das Bild des Grauhörnchens. Weisen Sie die Kinder darauf hin, dass es sich bei diesem Tier um ein Grauhörnchen handelt, das nicht bei uns, sondern zum Beispiel in Nordamerika, Großbritannien und Italien lebt. Fordern Sie die Kinder auf, das Grauhörnchen mit den Eichhörnchen zu vergleichen.
Die Kinder nennen Unterschiede (graues Fell, im Winter keine Haarbüschel an den Ohren, breiterer Kopf, kürzerer Hals …).

Eichhörnchen-Labyrinth

ab 3 Jahren

Das Eichhörnchen möchte zur Nuss. Zeichne den Weg ein.

Walnuss, Walnuss, du musst wandern

ab 2 Jahren

Melodie: traditionell nach „Taler, Taler, du musst wandern“
Text: Svenja Ernsten

Hinweis:

Die Kinder stehen im Kreis und halten die Hände hinter dem Rücken. Ein Kind befindet sich in der Mitte des Kreises. Die anderen Kinder geben die Walnuss hinter dem Rücken weiter und singen dazu gemeinsam das Lied. Wenn das Lied endet, muss das Kind in der Mitte erraten, welches Kind die Walnuss gerade in den Händen hält. Hat es recht, tauscht es mit diesem Kind den Platz. Stimmt es nicht, bleibt es eine weitere Runde in der Mitte.

Körperteile des Eichhörnchens

ab 3 Jahren

Material:

Kopiervorlage „Eichhörnchen“ (s. S. 12), evtl. farbige Bildkarte „Eichhörnchen mit hellbraunem Fell“ (s. Farbbogen in der Heftmitte), evtl. Buntstifte

Vorbereitung:

Die Vorlage des Eichhörnchens wird (hoch-)kopiert. Sie können die Vorlage vorab anmalen.

Arbeitsanleitung:

Fragen Sie die Kinder, was sie schon über Eichhörnchen wissen und lassen Sie sie frei erzählen. Danach betrachten die Kinder das Bild des Eichhörnchens. Sie können einzelne Körperteile benennen und diese auf dem Bild zeigen. Es kann zusätzlich auch eine der farbigen Bildkarten (s. Farbbogen in der Heftmitte), zum Beispiel die Bildkarte des Eichörnchens mit hellbraunem Fell, herumgereicht werden. Als Hilfe können Sie die folgenden Fragen stellen:

- Wie sieht ein Eichhörnchen aus?
- Wie sehen die Vorder- und die Hinterbeine aus?
- Wie bewegt sich das Eichhörnchen?
- Wie frisst das Eichhörnchen?
- Wo sind die Ohren?
- Was denkt ihr: Wozu hat das Eichhörnchen einen Schwanz?

Sachinformationen für die Erzieher*innen:

Das Eichhörnchen besitzt zwei kurze Vorderbeine und zwei längere, kräftige Hinterbeine. An den Pfoten hat es Zehen mit scharfen Krallen. An den Vorderpfoten sind es je fünf Zehen mit fünf Krallen. An den Hinterpfoten dagegen nur vier Zehen mit vier Krallen. Das Tier besitzt vorne im Gebiss starke Nagezähne, mit denen es auch harte Nüsse knacken kann. An der Nase befinden sich Schnurrhaare, die ihm bei der Orientierung helfen. Mit seinen großen Augen kann es gut sehen. An seinen Ohren sind – nur im Winter – lange Fellbüschel. Diese nennt man auch Pinsel.

Das Eichhörchen hat hellbraunes, rotbraunes, schwarzbraunes oder graues Fell und eine weiße Unterseite. Mit seinem langen, buschigen Schwanz kann es steuern, wenn es von Ast zu Ast springt. Dadurch hält es sein Gleichgewicht und kann sicher landen. Eichhörnchen können Baumstämme hoch- und kopfüber wieder herunterklettern. Wenn sich das Eichhörnchen zur Winterruhe in den Kobel zurückzieht, legt es den buschigen Schwanz um seinen Körper.

Kopiervorlage „Eichhörnchen"

Eichhörnchen mit Blättern

ab 2 Jahren

Material:
Kopiervorlage „Kopf und Körper“ (s. u.), 1 Bleistift, orangefarbener Tonkarton, weißer Tonkarton, 1 Schere, Kleber, Blätter, Watte, 1 schwarzer Filzstift, 1 Wackelauge, 1 Heißkleber

Vorbereitung:
Sammeln Sie mit den Kindern bei Bedarf Blätter auf dem Außengelände.
Diese können vor dem Basteln gepresst werden.
Der Körper und der Kopf werden auf orangefarbenes Tonpapier übertragen.

Arbeitsanleitung:

1. Die Vorlagen für den Kopf und den Körper werden ausgeschnitten.
2. Beide Vorlagen werden auf den orangefarbenen Tonkarton übertragen, ausgeschnitten und auf den weißen Tonkarton geklebt.
3. Mit den Blättern legen die Kinder einen Schwanz und Ohren und kleben sie auf. Bei jüngeren Kindern können Sie die Umrisse des Schwanzes mit einem Bleistift vorzeichnen.
4. Vorne auf den Bauch wird etwas Watte geklebt.
5. Mit dem schwarzen Filzstift wird eine Nase aufgemalt.
6. Das Wackelauge wird mit dem Heißkleber aufgeklebt oder mit dem Filzstift aufgemalt.

Die farbigen Bilder können im Gruppenraum aufgehängt werden.

Kopiervorlage „Kopf und Körper“

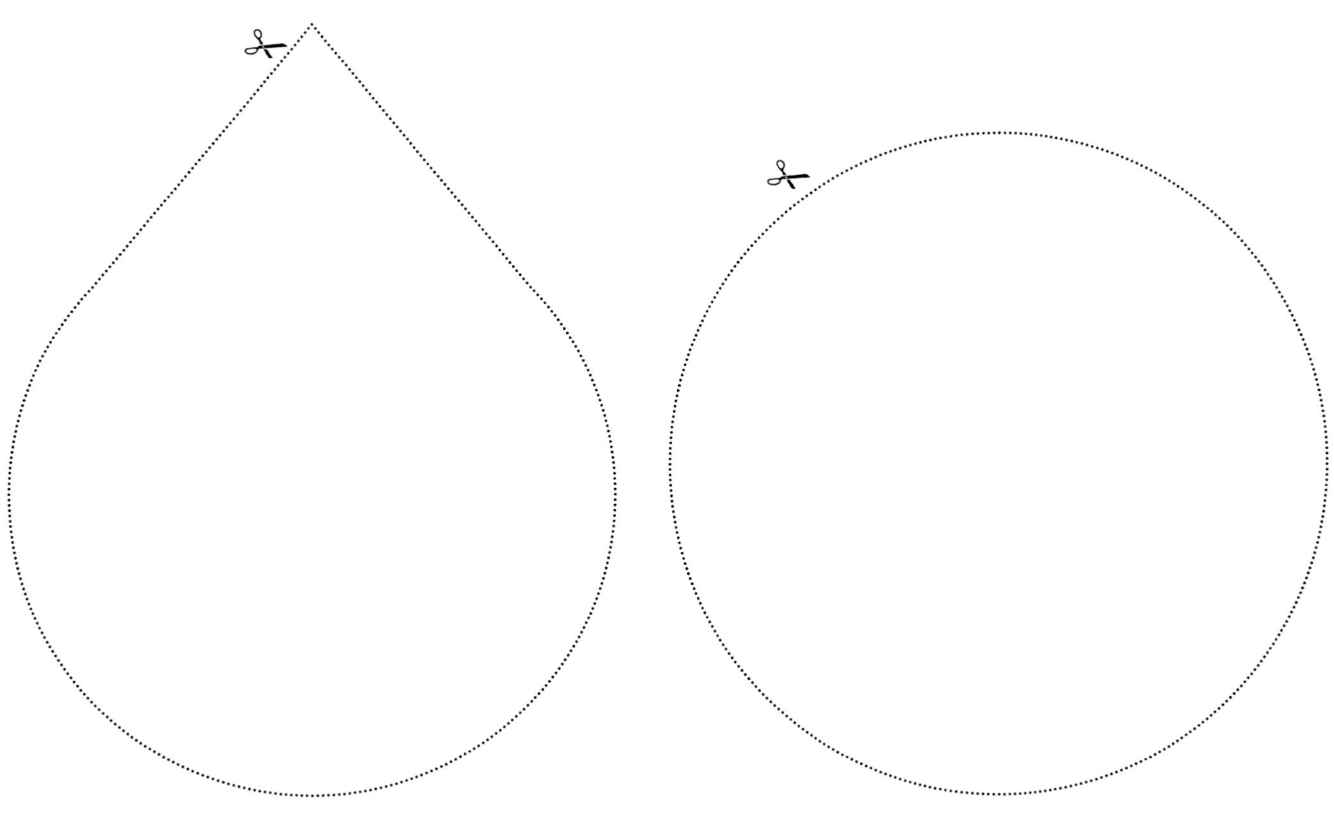

Wozu braucht das Eichhörnchen seinen Schwanz?

ab 4 Jahren

Wie benutzt das Eichhörnchen seinen Schwanz? Verbinde richtig.

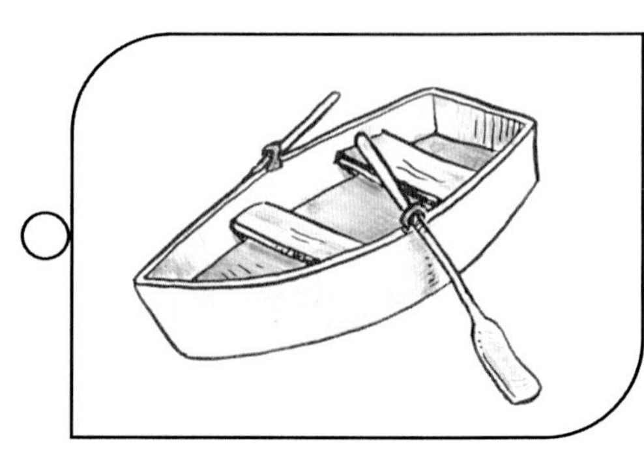

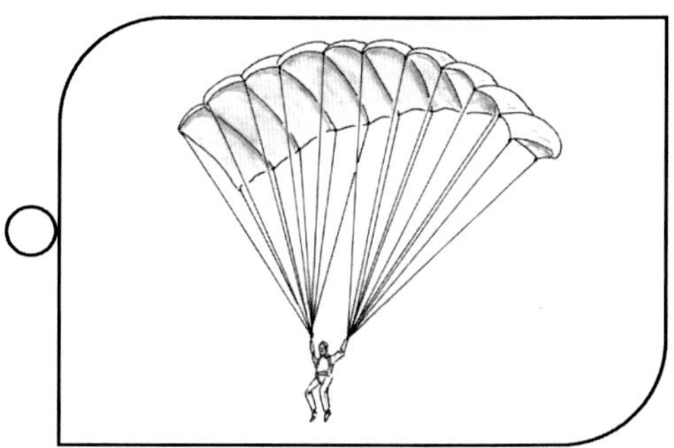

Eichhörnchen aus Nüssen basteln

ab 3 Jahren

Material:
2 Haselnüsse pro Kind, braune Pfeifenputzer, 1 Schere, Heißkleber, 1 schwarzer Filzstift

Vorbereitung:
Jedes Kind wählt zwei Haselnüsse für sein Eichhörnchen aus.

Arbeitsanleitung:

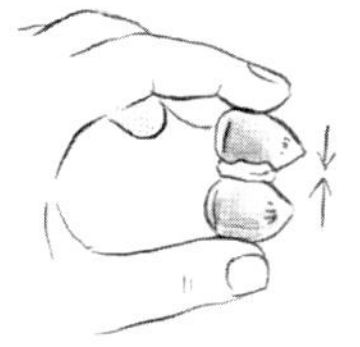

1. Die beiden Haselnüsse werden mit Heißkleber aufeinandergeklebt.

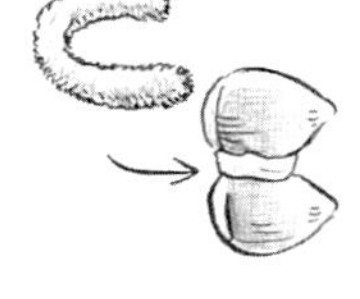

2. Die Kinder schneiden ein kurzes Stück Pfeifenputzer für die Arme ab. Es wird mit Heißkleber zwischen die beiden Nüsse geklebt.

3. Aus einem längeren Stück Pfeifenputzer werden der Schwanz und die Füße wie auf dem Foto geformt.

4. Auf die Unterseite der unteren Haselnuss wird Kleber aufgetragen und diese auf den Füßen (= Pfeifenputzer) befestigt.

5. Als Ohren werden oben am Kopf noch zwei kurze Stücke Pfeifenputzer festgeklebt.

6. Auf die obere Nuss werden mit dem schwarzen Stift zwei Augen und ein Mund aufgemalt.

Das Eichhörnchenjahr

ab 4 Jahren

Schneide die Teile aus.
Setze sie in der richtigen Reihenfolge zusammen.

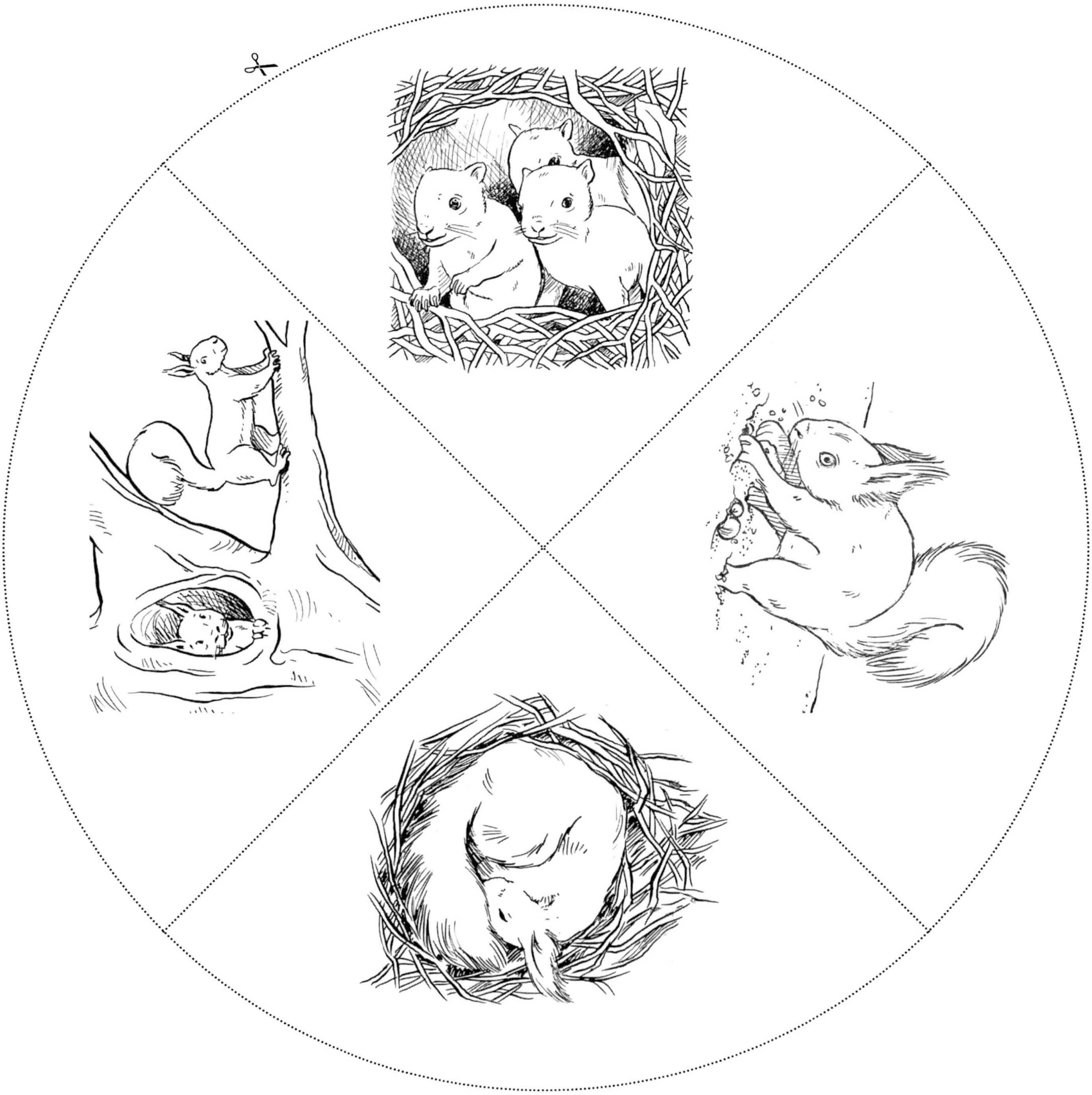

Rückseite Bildkarten (1)

Bildkarten (1)

Bildkarten (2)

Rückseite Bildkarten (2)

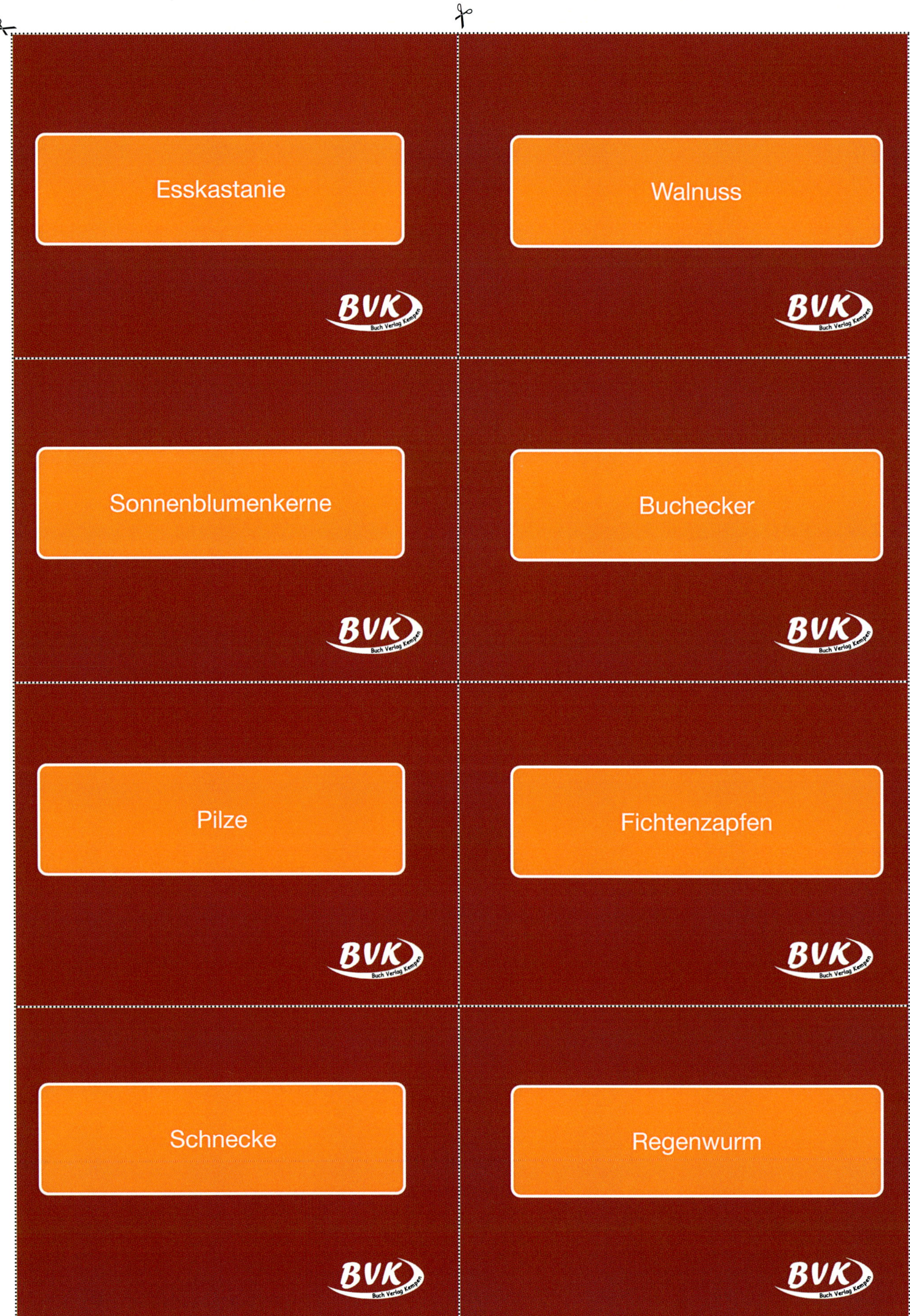

Im Kobel

ab 4 Jahren

Material:
Kopiervorlage „Im Kobel" (s. u.), 1 Schere, Kleber, weißes Papier, Buntstifte

Vorbereitung:
Die Vorlage „Im Kobel" wird (hoch-)kopiert und ausgeschnitten.

Arbeitsanleitung:
Die Kinder legen das Puzzle zusammen und kleben es anschließend auf ein Blatt Papier. Das Bild kann mit Buntstiften angemalt werden.

Kopiervorlage „Im Kobel"

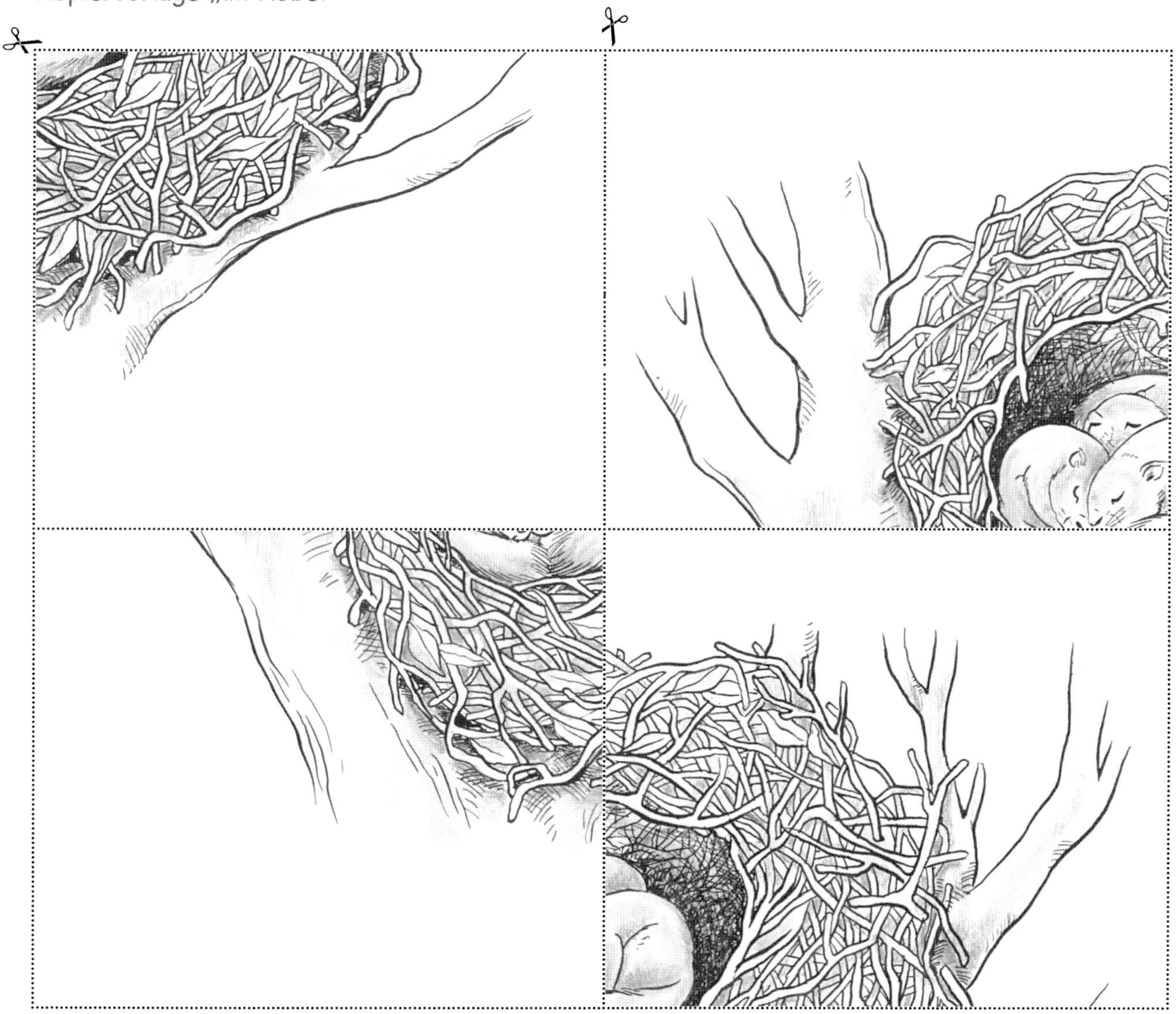

Nüsse für das Eichhörnchen

ab 3 Jahren

Kreise gleiche Nüsse in der gleichen Farbe ein.

Was frisst das Eichhörnchen? (1)

ab 4 Jahren

Material:

Farbige Bildkarten (s. Farbbogen in der Heftmitte)

Vorbereitung:

Die Bildkarten werden ausgeschnitten. Zur besseren Haltbarkeit können sie laminiert werden. Legen Sie die Bildkarten im Kreis aus.

Arbeitsanleitung:

Die Kinder betrachten die Bilder und benennen diese (Eichel, Haselnuss, Walnuss, Esskastanie oder Marone, Sonnenblumenkerne, Fichtenzapfen, Pilze, Regenwurm, Schnecke). Ergänzen Sie gegebenenfalls. Erklären Sie, dass Eichhörnchen vor allem Pflanzenfresser sind, dass sie aber auch kleine Tiere wie Würmer oder Schnecken fressen. Lassen Sie die Kinder Vermutungen anstellen, welche Dinge zu ihren Lieblingsspeisen (Nüsse und Zapfen) gehören. Gemeinsam kann nun ein Spaziergang gemacht werden, bei dem die Kinder Nüsse und Zapfen sammeln. Damit könnten die Kinder die Eichhörchen im Winter füttern.

Kopiervorlage „Was frisst das Eichhörnchen"

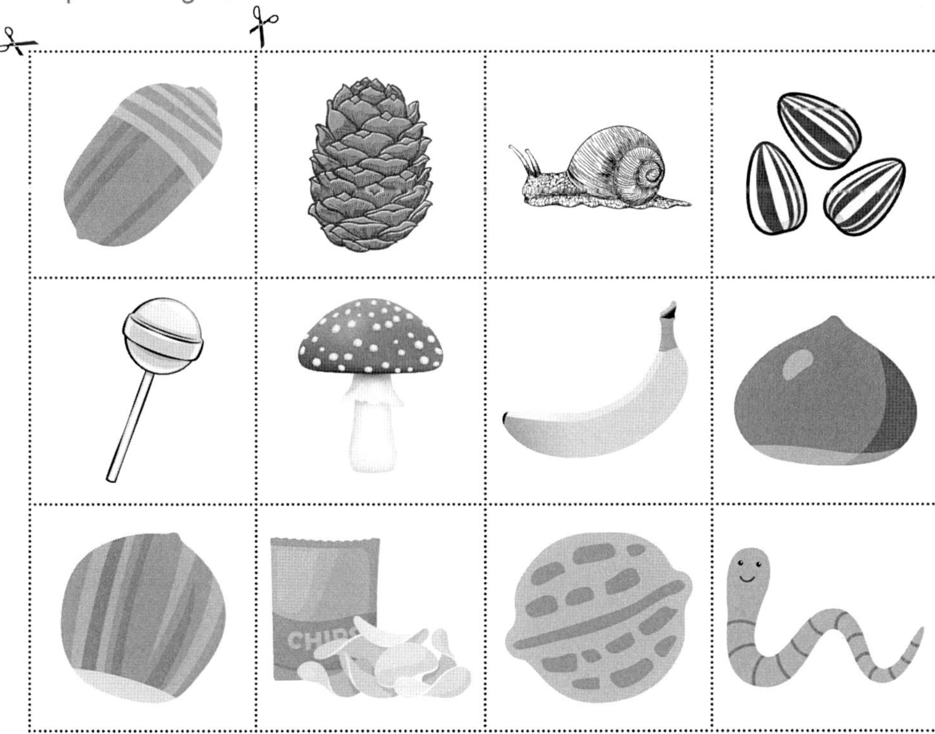

Was frisst das Eichhörnchen? (2)

ab 4 Jahren

Schneide die passenden Bilder aus und klebe sie in den Kreis.

Nussexperiment

ab 3 Jahren

Material:
je Kind 1 Walnuss, 1 Nussknacker, weißes Papier

Vorbereitung:
Teile die Walnuss mit dem Nussknacker in zwei Hälften. Nimm die Nüsse aus der Schale. Zerdrücke eine Nuss auf dem Papier. Nimm die Stückchen vom Papier und warte einige Minuten. Halte das Papier gegen das Licht.

Hinweis:
An der Stelle, wo die Nuss zerdrückt wurde, ist auf dem Papier ein Fettfleck zu sehen. Das liegt daran, dass Nüsse viel Fett enthalten.

Das Eichhörnchen hüpft

ab 3 Jahren

Spure nach.

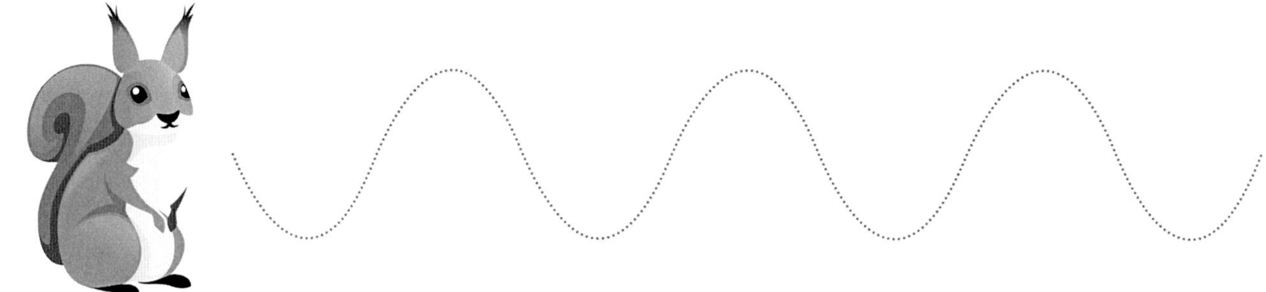

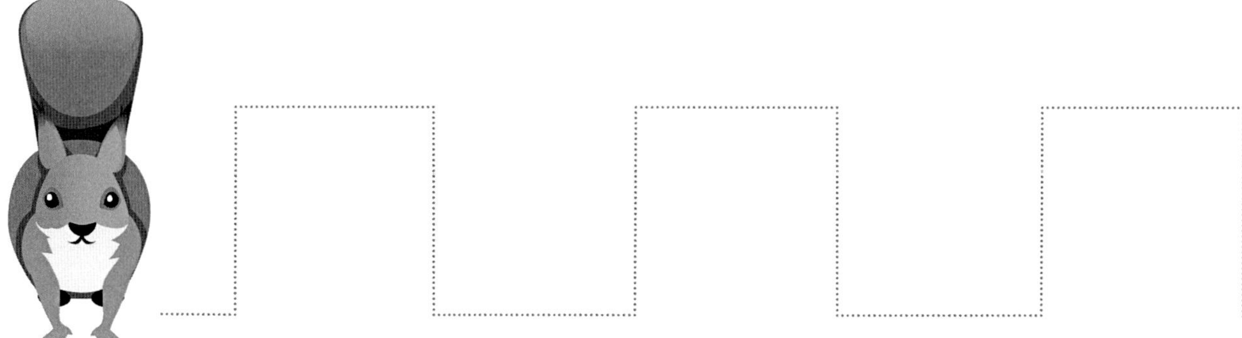

Das Eichhörchennest

ab 4 Jahren

Male das Bild fertig.

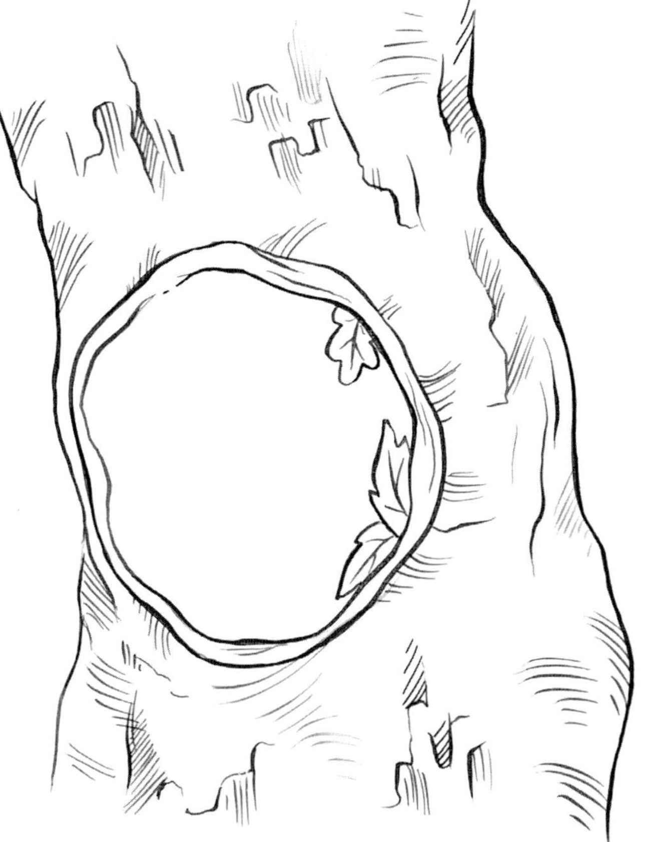

ab 3 Jahren

Feinde des Eichhörnchens

Material:
Kopiervorlage „Wimmelbild – Feinde des Eichhörnchens“ (s. S. 28), Buntstifte, ggf. Wolle

Vorbereitung:
Die Vorlage „Wimmelbild“ wird auf die gewünschte Größe (z. B. DIN A3) hochkopiert.
Das Bild kann farbig ausgemalt werden.

Hinweis:
Die Kinder betrachten das Bild und erzählen, was sie entdecken. Durch zusätzliche Fragen (Welche anderen Tiere könnt ihr entdecken? Warum sind diese Tiere abgebildet? Was könnte außerdem noch gefährlich für das Eichhörnchen sein?) können die Kinder erkennen, dass auf dem Bild die Feinde des Eichhörnchens (Fuchs, Marder, Eule, Katze, Wiesel, Habicht, Auto) abgebildet sind. Benennen Sie die Tiere, die die Kinder noch nicht kennen. Lassen Sie die Kinder außerdem überlegen, wie das Eichhörnchen sicher über die Straße kommen kann. Berichten Sie davon, dass es in einigen Städten Eichhörnchenbrücken gibt.
Zum Abschluss können Sie die Vorlage für die Kinder kopieren und die Kinder können das Bild ausmalen. Aus Wolle können sie eine Eichhörnchenbrücke gestalten und diese an zwei Bäumen festkleben, sodass diese über die Straße führt.

Wimmelbild – Feinde des Eichhörnchens

Geschichte „Eichhörnchen Eddi"

ab 3 Jahren

Material:
Bildkarten – Geschichte „Eichhörnchen Eddi", (s. S. 30), Geschichte (s. u.)

Vorbereitung:
Die Bildkarten werden (hoch-)kopiert.

Arbeitsanleitung:
Treffen Sie sich mit den Kindern im Sitzkreis. Kündigen Sie eine Geschichte über ein Eichhörnchen an. Lesen Sie die Geschichte vor und zeigen Sie die Bildkarten dazu. Anschließend legen Sie die Karten durcheinander in die Mitte des Sitzkreises. Fordern Sie die Kinder auf, die Bildkarten in die richtige Reihenfolge zu bringen, während Sie parallel die Geschichte noch einmal vorlesen.

Geschichte „Eichhörnchen Eddi"

Es ist Herbst. Die Blätter an den Bäumen leuchten rot, orange und gelb. Der Wind wirbelt sie von den Ästen herunter und durch die Luft. Der Igel Igor sucht nach einem Versteck für seinen Winterschlaf. Er hat sich schon einen dicken Winterpelz angefuttert. Das Eichhörnchen Eddi hüpft mit einer Nuss im Maul an ihm vorbei. In der Nähe eines Baumstumpfes buddelt Eddi mit seinen Vorderpfoten ein Loch in die Erde und versteckt dort die Nuss. Sorgfältig schaufelt er wieder Erde über die Stelle. Tag für Tag versteckt er viele weitere Nüsse und Zapfen in der Erde, in Baumritzen und Baumlöchern.

Inzwischen ist es kalt geworden. Draußen fallen dicke Schneeflocken. Eddi hat es sich in seinem Nest gemütlich gemacht. Dort liegt er eingerollt in seinen buschigen Schwanz – wie unter einer Bettdecke. Er träumt von leckeren Nüssen.

Einige Zeit später wacht Eddi auf. Sein Bauch knurrt. Er hat großen Hunger. Es hat aufgehört zu schneien. Vorsichtig schaut er aus seinem Nest. Er versucht sich zu erinnern, wo er die leckeren Nüsse vergraben hat. Er flitzt den Baumstamm hinunter und hüpft durch den Schnee. Auf seine Nase kann er sich verlassen! So kann er seine Vorräte sogar unter dem Schnee wiederfinden. Mit seinen Pfoten schaufelt er den Schnee zur Seite und gräbt einige Nüsse aus. Er holt sich noch mehr Vorräte aus den Baumlöchern und Baumritzen und verspeist die leckeren Nüsse direkt. Danach klettert er wieder in sein Nest, um dort weiter zu ruhen. So geht es Tag für Tag. Manchmal fragt er sich, ob er alle Nüsse wiedergefunden hat? Zum Glück hat er genug versteckt. An einem Tag wacht Eddi auf, weil ihn die Sonne an der Nasenspitze kitzelt. Er steckt seinen Kopf aus dem Nest. Hurra! Der Schnee schmilzt. Er tropft von den Bäumen. Bald wird der Frühling da sein. Eddi ruht noch einige Tage in seinem Nest.

Die Vögel zwitschern laut. Jetzt ist der Frühling endlich da! Eddi saust den Baum hinunter und erkundet die Umgebung. Was ist denn das? Neben dem Baumstumpf ragt eine kleine, grüne Spitze eines Haselnussstrauches aus der Erde. Da hat er doch tatsächlich eine Nuss vergessen. Eddi freut sich. Hier wird es bald viele, viele Haselnüsse geben!

Bildkarten – Geschichte „Eichhörnchen Eddi"

ab 3 Jahren

Eichhörnchen finden

ab 2 Jahren

Wie viele Eichhörnchen siehst du? Kreise sie ein.
Male das Bild an.

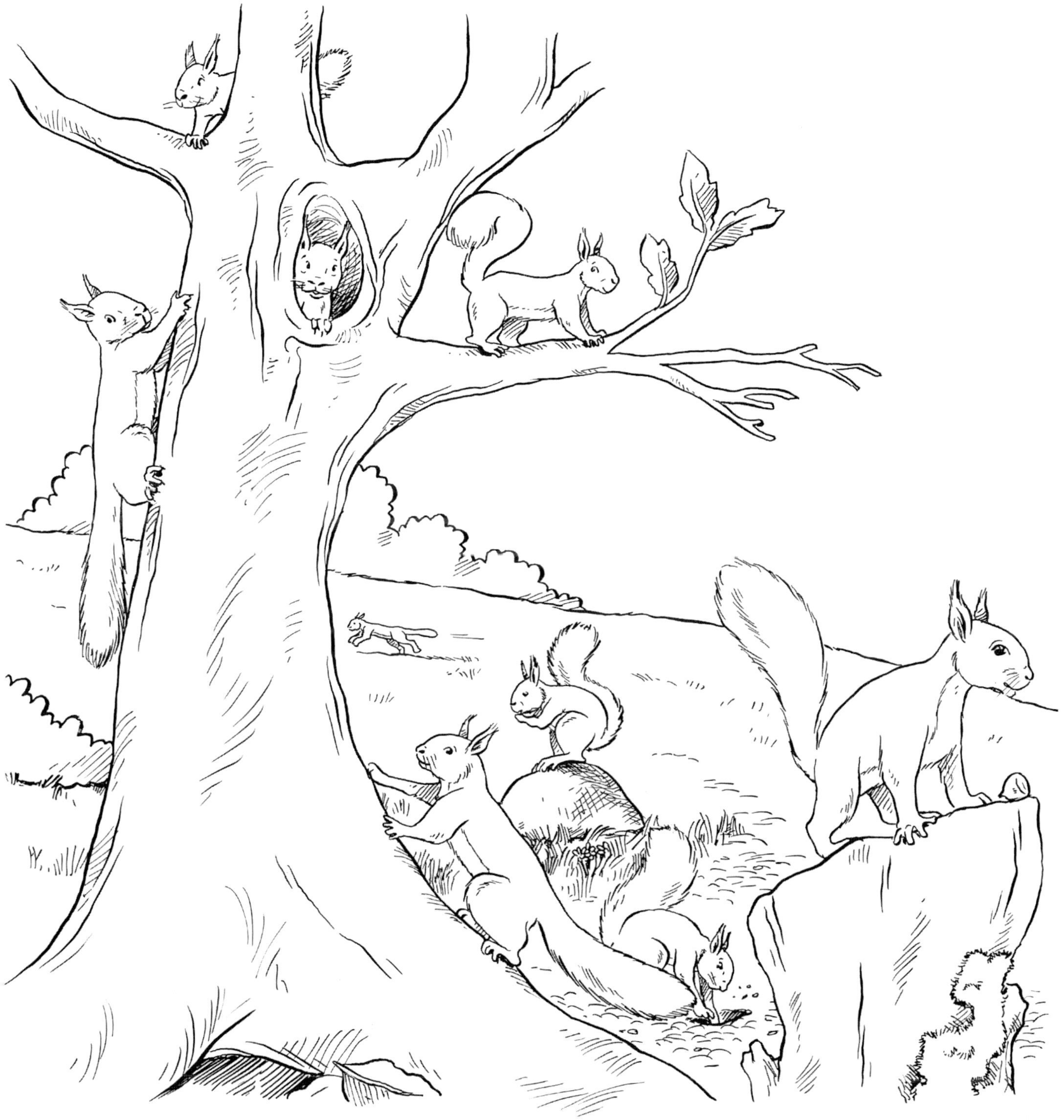

Wer hat an welchem Zapfen genagt?

ab 3 Jahren

Spure mit verschiedenen Buntstiften nach.

Ein Garten für Eichhörnchen

ab 3 Jahren

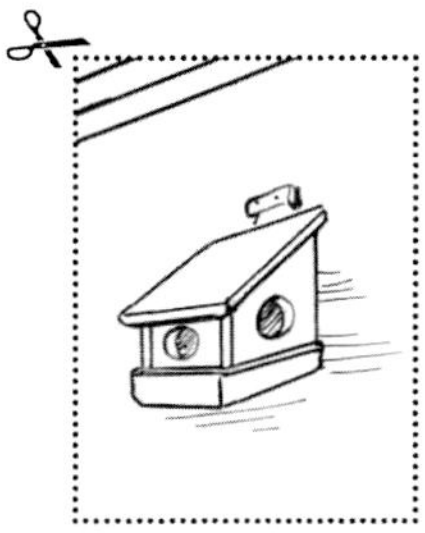

Nusskekse

ab 2 Jahren

Zutaten:
300 g Mehl, 200 g gemahlene Haselnüsse, 200 g Margarine, 150 g Zucker, 1 Päckchen Vanillezucker, 2 kleine Eier, dunkle Schokoladenglasur

Arbeitsmittel:
1 Waage, 1 Schüssel, 1 Handrührgerät mit Knethaken, Frischhaltefolie, Kühlschrank, Messer, Gabel, 1 Backblech mit Backpapier, Backofen, 1 kleine Schale, 1 Teller

Arbeitsanleitung:

1. Das Mehl und die gemahlenen Haselnüsse werden abgewogen und in die Schüssel gegeben.
2. Die Margarine, der Zucker, der Vanillezucker und die Eier werden dazugegeben.
3. Die Zutaten werden zunächst mit dem Knethaken und anschließend noch mit den Händen gut durchgeknetet.
4. Mit den Händen wird eine Kugel aus dem Teig geformt. Diese wird in Frischhaltefolie eingewickelt und ungefähr eine halbe Stunde in den Kühlschrank gelegt.
5. Der Teig wird auf einer Arbeitsfläche zu einer Rolle geformt. Von dieser werden walnussgroße Stücke abgeschnitten.
6. Aus den Stücken werden mit der Hand kleine Kugeln geformt.
7. Die Kugeln werden auf ein mit Backpapier ausgelegtes Backblech gelegt und zunächst mit den Fingern und anschließend mit einer Gabel flachgedrückt.
8. Die Plätzchen werden bei 175 Grad Umluft ungefähr 15 Minuten gebacken.
9. Die dunkle Schokoglasur erhitzen und in eine Schale geben. Die abgekühlten Plätzchen zur Hälfte in die Schokolade eintauchen und auf einen Teller zum Trocknen auslegen.

Varianten:
Das Mehl kann durch glutenfreies Mehl ersetzt werden. Auch bei der Schokolade sollte auf eine glutenfreie / laktosefreie Marke geachtet werden. Bei einer Nussallergie könnnen die Haselnüsse durch zusätzliches Mehl ersetzt werden.
Infos hierzu gibt es zum Beispiel unter: *www.codecheck.info*

Nussschalenboote

ab 2 Jahren

Material:
Walnussschalen, Zahnstocher, Tonpapierreste in unterschiedlichen Farben, Schere, Prickelnadel, verschiedenfarbige Knete, eine flache Schale, Wasser

Arbeitsanleitung:

1. Aus dem Tonpapier werden kleine viereckige Segel ausgeschnitten.
2. Mit einer Prickelnadel wird oben und unten ein Loch in das Segel hineingestochen. Durch die Löcher wird von unten nach oben ein Zahnstocher gesteckt.
3. In das Walnusboot wird etwas Knete gedrückt.
4. Die Zahnstocher mit den Segeln werden in die Knete gesteckt.
5. Die Boote werden in eine Schale mit Wasser gesetzt.

Wir feiern ein Eichhörnchen-Fest

Aus den folgenden Angeboten kann ein Eichhörnchen-Fest gestaltet werden.
Alternativ kann das Eichhörnchen-Fest auch in ein Jahreszeitenfest integriert werden.

Dekoration:

- Eichhörnchen mit Nuss (s. S. 6)
- Eichhörnchen mit Blättern (s. S. 13)
- Eichhörnchen aus Nüssen basteln (s. S. 15)

Verpflegung:

- Nusskekse (s. S. 34)

Vorführung:

- Die Kinder singen gemeinsam die Lieder „Ich kenn ein kleines braunes Tier“ (s. S. 5) und „Es springt ein Ei-Ei-Eichhörnchen“ (s. S. 5).

Stationen für die Besucher:

- „Nuss-Sudoko“ (s. S. 7 – 8): Die Eltern oder Geschwister können das Spiel ausprobieren.
- „Das Eichhörnchenjahr“ (s. S. 16): Die Puzzleteile von der Seite können vorab laminiert werden. Die Besucher versuchen, den Legekreis richtig zusammenzusetzen. Die Kinder können Tipps und Erklärungen geben.
- „Nussschalenboote“ (s. S. 35): Boote aus Walnussschalen werden gebastelt.

Kopiervorlage „Einladung Eichhörnchen-Fest"

Herzliche Einladung zum Eichhörchen-Fest in unserer Einrichtung!

Datum, Uhrzeit: ______________________________

Wo? ______________________________

✂ Bitte hier abtrennen. Vielen Dank.

Bitte geben Sie diesen Abschnitt bis zum ______________

in der ______________________________-Gruppe ab.

Name des Kindes: ______________________________

☐ Wir kommen mit ______ Personen zum Fest.

☐ Wir können leider nicht teilnehmen.